PREMIER

DÉCOUVRI

LES GESTES QUI SAUVENT

LE LIVRE QUI VA VOUS APPRENDRE À SAUVER DES VIES

PREMIERS SECOURS

DÉCOUVRIR LES GESTES QUI SAUVENT

LE LIVRE QUI VA VOUS APPRENDRE À SAUVER DES VIES

VAGNON

SOMMAIRE

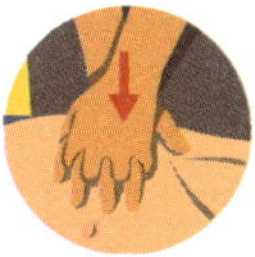

INTRODUCTION

Tout le monde peut-être le témoin d'un accident, d'une chute ou d'un étouffement. Que ce soit à la maison, au travail, au restaurant, ou même dans la rue, une situation dite de « détresse vitale » peut survenir à tout moment, et toucher n'importe qui.

Pour faire face à ces situations, il existe des solutions simples à mettre en œuvre, des gestes à la portée de chacun qui peuvent contribuer à sauver des vies quand ils sont effectués dès les premières minutes suivant l'irruption d'une détresse. Ces gestes demandent toutefois de la rigueur, de la méthode, et surtout de l'entraînement.

La meilleure des choses à faire, pour les maîtriser, est donc de **suivre une formation Prévention et secours civiques de niveau 1, ou PSC1, encadrée par des professionnels du secours**. la formation de base dure 7 heures, et coûte en moyenne 60 euros. Elle est dispensée partout en France par de nombreux organismes agréés de secours, très faciles à trouver sur Internet.

Il ne faut pas non plus oublier que **les gestes de premiers secours ne se substituent pas à l'intervention des équipes professionnelles**. Les gestes présentés dans ce fascicule sont essentiels à la survie d'une victime en potentielle détresse vitale, mais ils ne sont qu'un maillon dans la chaîne des secours.

Quoi qu'il arrive, face à une victime en détresse, il est impératif de contacter les secours au 18, au 15 ou au 112, de suivre à la lettre les consignes données, de ne jamais interrompre un appel avec les secours, et de tout mettre en œuvre pour faciliter l'arrivée sur les lieux et le travail des équipes professionnelles.

SÉCURISER
ÉVALUER
ALERTER

SÉCURISER LA ZONE ET LES PERSONNES

Quand on s'apprête à pratiquer des gestes d'urgence, cela peut être dans des conditions qui sont éventuellement dangereuses pour soi, et pour la victime que l'on veut prendre en charge. Incendie, fuite de gaz, accident de la route, accident du travail impliquant des machines dangereuses ou des produits chimiques, attentats... autant de cas où la sécurité à la fois de la victime et du sauveteur est incertaine.

Donc, la première chose à faire est d'**analyser la situation** et d'**évaluer les dangers.**
Une fois cette analyse faite, on peut décider d'une intervention qui se déroulera toujours dans les règles de sécurité.

Les questions à se poser sont les suivantes.

- Quels peuvent être les dangers éventuels ?
- Ces dangers me menacent-ils moi, et menacent-ils la victime ?
- Comment puis-je gérer et contrôler ces dangers ?

> SAVOIR CE QU'IL S'EST PASSÉ

Après avoir effectué une approche prudente du lieu, il faut essayer de déterminer ce qu'il s'est passé.

En effet, lorsque l'on sait ce qui est arrivé à la victime, on est plus à même d'éviter que cela ne se reproduise. On peut par exemple vérifier que la victime n'a pas inhalé des produits chimiques que le sauveteur inhalerait à son tour. Dans le cadre d'un incendie, on peut vérifier que l'endroit où se trouve la victime n'a pas été fragilisé au point de s'effondrer ou qu'il n'est pas contaminé par des gaz ou des vapeurs toxiques.
Le cas des accidents de la route est particulier : avant d'intervenir, il faudra s'assurer que le sauveteur peut accéder à la victime sans risquer de se faire renverser par un véhicule.

> SÉCURISER LA ZONE

Une fois que le sauveteur a déterminé qu'il peut agir sans danger pour lui-même ou pour la victime, il doit sécuriser la zone. Il s'agit d'éliminer les éventuels dangers persistants (fermer le gaz, couper l'électricité, éteindre un départ de feu...) et d'empêcher les personnes présentes d'accéder à la zone et à la victime.
Si le sauveteur ne peut pas intervenir sur la victime en toute sécurité pour elle et pour lui, il faudra effectuer un dégagement d'urgence.

Le dégagement d'urgence – une technique réservée aux cas d'urgence

Cette technique est mise en œuvre face à un danger réel, vital, immédiat et non contrôlable.

Hors cas d'accident de la route, qui est un cas spécial, il n'y a pas de techniques imposées pour le dégagement d'urgence. Toutefois, nous vous proposons deux procédés.

- Traction par les chevilles

Il faut saisir les chevilles de la victime et les agripper fermement. Puis monter ses jambes serrées l'une contre l'autre en les gardant dans l'axe du corps, assez haut pour que le sauveteur, debout, puisse tirer la victime jusqu'à un endroit sûr.

- Traction par les poignets

Il faut saisir les deux poignets de la victime et soulever légèrement son corps pour que sa tête ne frotte pas par terre. De même, il faut que l'alignement tête-cou-tronc soit respecté. Puis on tire la victime sur le sol jusqu'à un endroit sûr.

> NE PAS AGGRAVER L'ÉTAT DE LA VICTIME

Nous avons dit en introduction que face à une victime, il faut agir vite et efficacement. Cela ne veut pas dire agir inconsidérément. Nous verrons qu'avant toute action, un bilan s'impose : la victime est-elle inconsciente ? Respire-t-elle ? Est-elle en arrêt cardiaque ? L'action à entreprendre dépendra entièrement de la réponse à ces questions.

Par ailleurs, il faut être particulièrement prudent dans les cas des chutes, des traumatismes, et des accidents de la route. Quelques règles simples :

- on n'enlève jamais le casque ou les équipements dans le cas d'un accident de la route,
- on ne manipule pas et on ne déplace pas une victime qui, suite à un choc ou à une chute, souffre du dos, de la nuque, de la tête,
- quoi qu'il arrive, au moindre doute, on demande conseil auprès des secours spécialisés.

FAIRE UN BILAN

Avant d'alerter les secours et d'entreprendre les gestes qui s'imposent, il convient de faire un bilan pour savoir exactement quel est l'état de la victime. Trois éléments sont essentiels : l'état de conscience, la respiration et le fonctionnement cardiaque.

> VÉRIFIER L'ÉTAT DE CONSCIENCE

Il faut évaluer le degré de conscience de la victime.

- **Poser des questions simples**
«Vous m'entendez ?», «Comment ça va ? »

- **Secouer doucement les épaules et demander d'exécuter un ordre simple**
«Serrez-moi la main» est l'ordre le plus simple.

Si la victime ne répond pas et qu'elle n'exécute pas l'ordre simple, elle est **inconsciente.**
Dans ce cas, s'il n'y a pas de traumatisme majeur au niveau de la nuque ou du dos, et que la victime respire, il faudra la mettre en Position Latérale de Sécurité (voir p. 28), appeler les secours et contrôler la respiration.

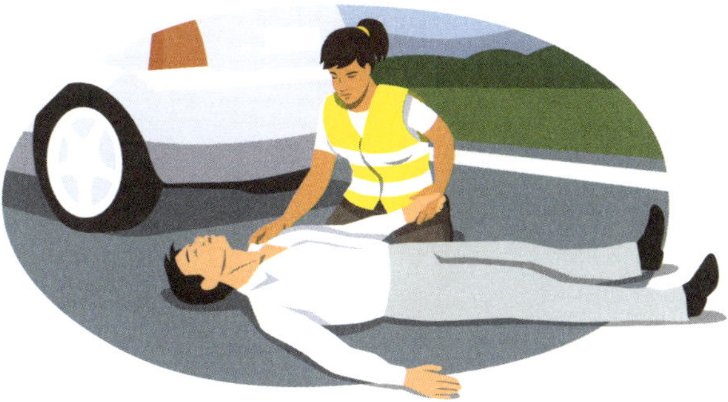

> S'ASSURER DE LA PRÉSENCE D'UNE RESPIRATION

Dans le cas d'un étouffement, l'arrêt de la respiration s'accompagne de signes clairs : la victime devient bleue, elle porte les mains à sa gorge, elle ne peut plus parler. Dans ce cas, il faut immédiatement entreprendre la technique des claques dans le dos. En cas d'échec des 5 tapes dans le dos, il faut passer aux compressions (voir p. 33 à 35).

Dans le cas d'une victime évanouie ou inconsciente, c'est moins évident. Le sauveteur doit **basculer la tête de la victime en arrière** (voir p. 16) et pencher son visage très près du visage de la victime, pour ressentir la présence d'un souffle. En même temps, il observe les mouvements de la poitrine : si elle se soulève, c'est qu'il y a une respiration.

- **S'il n'y a pas de respiration constatée**, il faut appeler les secours et immédiatement entreprendre la manœuvre de Réanimation Cardio-Pulmonaire (voir p. 37).
- **Si la respiration est présente**, il faut faire alerter les secours, mettre la victime en Position Latérale de Sécurité et toujours s'assurer que le souffle est bien là.

Bascule de la tête en arrière

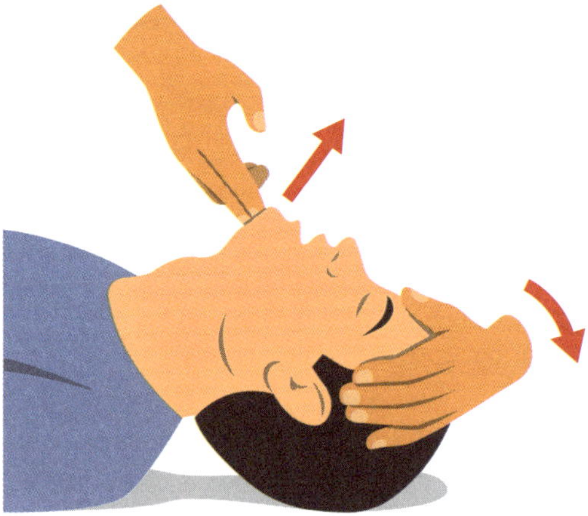

Le sauveteur bascule prudemment la tête de la victime en arrière.
Pour cela il appuie très doucement sur le front, tout en soulevant le menton à l'aide de deux doigts posés sous l'os.

Cela permet la « libération des voies aériennes ». Car en effet, quand une victime a perdu connaissance, les muscles qui assurent la respiration fonctionnent moins bien. D'autre part, la langue peut chuter en arrière et bloquer le passage de l'air.
La manœuvre de bascule de la tête permet de décoller la langue du fond de la gorge et de faciliter la respiration.

RECONNAÎTRE L'ARRÊT CARDIAQUE

L'arrêt cardiaque est la situation la plus grave.
En cas d'arrêt cardiaque, la victime est inconsciente, et elle ne respire pas. Il faut alors entreprendre au plus vite la manœuvre de Réanimation Cardio-Pulmonaire, et utiliser un défibrillateur si c'est possible (voir p. 41).

Attention : il arrive qu'en cas d'arrêt cardiaque, la respiration ne soit pas tout à fait absente. La victime peut présenter des signes d'une respiration anarchique, avec de grands bruits irréguliers, qu'on appelle les « gasps ». **Le gasp n'est pas une respiration**.

ALERTER LES SECOURS

L'alerte auprès des services de secours est un élément essentiel de la chaîne des secours. Elle doit être rapide, efficace et précise.

Dans le meilleur des cas, une fois que le sauveteur a fait son bilan rapide, un témoin donne l'alerte et le guide dans la réalisation des gestes de premiers secours. Le sauveteur devra s'assurer que ce témoin transmet les bonnes informations. En l'absence de témoin, le sauveteur donnera l'alerte lui-même.

Les moyens de l'alerte

L'alerte peut être donnée via tous les supports : téléphone portable, téléphone fixe, téléphone public, borne d'appel d'urgence, etc.
Les appels aux secours sont gratuits.

- **Le 18** permet d'appeler les pompiers, notamment en cas d'accident ou d'incendie.
- **Le 15** est le numéro du Samu, en charge des urgences médicales.
- **Le 112** est un numéro commun à l'ensemble des services de secours, et il est valable dans toute l'Union européenne.

Le contenu de l'alerte

Au cours de la conversation téléphonique il faudra être calme, précis, méthodique. Il faut s'exprimer clairement et laisser les secours guider les opérations.
Attention : on ne raccroche jamais tant que les services de secours n'ont pas donné l'autorisation de terminer l'appel. Il faut répondre aux questions posées par les services de secours et appliquer les consignes données par l'opérateur.

Les informations à donner sont les suivantes :

- votre numéro de téléphone,
- la nature du problème (accident, chute, incendie...),
- la présence éventuelle de dangers sur la zone (circulation de voitures, gaz, incendie...),
- la localisation la plus précise possible de l'événement,
- le nombre et l'état des victimes,
- les gestes qui ont été entrepris.

La Situation à Multiples Victimes
Les secours professionnels l'appellent la S.M.V. Elle correspond au cas où le nombre de sauveteurs sur place n'est pas suffisant pour prendre en charge un nombre élevé de victimes. C'est par exemple ce qu'il peut se passer en cas d'attentat. Dans ce cas, les secours présents sur place, après avoir évalué le nombre des victimes, vont **avant tout donner l'alerte pour obtenir du renfort**. Puis leur travail consistera à identifier les différents stades de gravité chez les victimes pour faciliter le travail des secours en route. Ils ne prodiguent pas de gestes de secours, sauf urgence vitale, mais ils repèrent les victimes valides à isoler à l'abri, les victimes blessées sans détresse vitale, les victimes présentant une détresse vitale et les victimes décédées.

L'ALERTE DE LA POPULATION

C'est une mesure d'exception, assez rare. Des études ont d'ailleurs prouvé que plus de la moitié de la population ne sait pas comment réagir en cas de déclenchement de l'alarme. Elle permet d'avertir l'ensemble de la population de la brusque irruption d'un danger. Par exemple, elle est utilisée en cas de catastrophe naturelle (ouragan, crue...) ou en cas d'accident industriel.

Plus de 5 300 sirènes sont réparties en France pour diffuser une éventuelle alerte. Il est possible que vous les ayez déjà entendues : ces sirènes sont testées tous les premiers mercredis du mois, à midi. Pour les tests, l'alerte est plus courte qu'en situation réelle.

Le signal d'alerte peut aussi être relayé par des textos ou des mailings, et il est relayé à la fois par les médias et dans les lieux publics munis d'affichages lumineux comme les gares et les aéroports.

Reconnaître la sirène d'alerte à la population

- Le signal d'alarme est constitué de 3 cycles de 1 minute et 41 secondes chacun. Ils sont séparés par un arrêt de 5 secondes.
- La fin de l'alerte est signalée par un signal sonore de 30 secondes.

- Le son est celui d'une sirène aux accents modulés.

Quand une alerte retentit, il faut se protéger et s'informer.

- Suivre les médias (radio France ou France Télévisions par exemple).
- Rester dans un endroit clos en évitant tout contact avec l'extérieur : fermer les portes et les fenêtres, boucher les aérations.
- Couper les ventilations et les climatisations.
- Éviter tout ce qui peut contribuer à un incendie : étincelle, briquet, cigarette...
- Ne pas encombrer les lignes téléphoniques qui doivent rester libres pour les services de secours.
- Les messages d'alerte et de prévention du ministère sont diffusés de façon prioritaire sur Twitter, Facebook et Google mais aussi par certains canaux de communication de la RATP, Vinci autoroutes, Radio-France et France Télévisions. Parallèlement, le Ministère de l'Intérieur invite l'ensemble des utilisateurs de Twitter à s'abonner et activer les notifications du compte @Beauvau_alerte qui permet à chacun d'être notifié sur son téléphone en cas d'évènement grave.

Rester enfermé

L'essentiel, en cas d'alerte, est de se réfugier dans le lieu le plus proche et de rester enfermé tant qu'on n'a pas reçu d'ordre contraire.

Il ne faut pas essayer d'aller chercher les enfants à l'école. Les enseignants sont formés pour les prendre en charge.

LE CAS PARTICULIER DES ACCIDENTS DE LA ROUTE

Ce cas est abordé plus en détail dans notre ouvrage « *Premiers secours – spécial route* »

En tant que témoin ou après avoir causé un accident, l'usager de la route a un **devoir d'assistance** aux éventuelles victimes. Cette assistance est essentielle et repose sur trois grands principes : **PROTÉGER/ALERTER/SECOURIR**.

>ARRIVER SUR LES LIEUX D'UN ACCIDENT

Il y a deux types de situations : soit les secours sont déjà alertés ou sont déjà arrivés, soit vous êtes vous-même le premier arrivé sur les lieux.

- Si les secours sont déjà présents : il ne faut pas s'arrêter. On diminue sa vitesse, on passe avec prudence, et on continue sa route pour ne pas encombrer les lieux et gêner les secours.
- Si on est le premier arrivé sur les lieux d'un accident on est **légalement obligé de s'arrêter**. Ne pas s'arrêter pour porter secours sur les lieux d'un accident est un **délit de non-assistance à personne en danger**. Pire encore, ne pas porter secours aux victimes dans le cadre d'un accident que l'on a provoqué est un **délit de fuite**. De tels délits peuvent

entraîner des peines de prison, jusqu'à 75 000 euros d'amende, et la suspension temporaire du permis de conduire.

Quand on arrive le premier sur les lieux d'un accident, il faut faire les choses dans l'ordre.

1. Protéger la zone et les victimes, sans jamais se mettre en danger soi-même.
2. Alerter les secours en transmettant un message précis et complet.
3. Effectuer les gestes de secours si on en est capable.

> PROTÉGER LA ZONE ET LES PERSONNES

Le témoin d'un accident qui arrive sur place doit d'abord assurer sa propre sécurité.
L'arrêt du véhicule se fait si possible en dehors des voies de circulation, sur le bas-côté ou sur une zone d'arrêt d'urgence. Le conducteur allume les feux de détresse. Avant de sortir, il enfile son **gilet de sécurité**. Dans la mesure du possible, il sort de la voiture du côté opposé à celui de la circulation, et ferme bien sa portière derrière lui.

Arrivé sur les lieux; le conducteur fait une première reconnaissance. Il évalue la situation : les dommages sont-ils uniquement matériels ou y a-t-il des blessés ? Y a-t-il plusieurs blessés ?

La protection

- La protection des personnes valides : toutes les personnes valides sortent des voitures et se mettent en sécurité. Sur l'autoroute, les personnes valides se placent derrière la barrière de sécurité.
- La protection du lieu : le conducteur témoin, vêtu de son gilet jaune, va placer un triangle de prévention au moins 30 mètres avant le lieu de l'accident. Il coupe le contact des véhicules accidentés et empêche de fumer sur les lieux de l'accident.
- La protection des victimes : **les blessés ne doivent pas être déplacés**. Dans le cadre d'accidents impliquant des deux-roues, il ne faut **jamais retirer les casques**.

> L'ANALYSE

Une fois que la zone et les passagers sont sécurisés, le témoin doit faire une analyse de la situation pour transmettre les bonnes informations dans le message d'alerte.

- La victime est-elle consciente ?
- La victime respire-t-elle ?

Attention : dans le cadre d'un accident de la route, ne jamais faire de bascule de la tête sans avoir demandé un avis médical.

> ALERTER LES SECOURS

L'alerte aux secours peut se faire via un téléphone portable, mais quand on le peut, il vaut mieux privilégier une borne d'appel d'urgence. Ces bornes sont présentes à peu près tous les 2 kilomètres sur l'autoroute et sur certaines voies rapides.

Les numéros à contacter sont le **18**, le **15** et le **112**, mais aussi le **17**, qui est le numéro de la gendarmerie.

Au moment de l'alerte, il faut pouvoir donner aux équipes de secours le plus de précisions possible. Entre autres :

- votre numéro de téléphone,
- le lieu précis de l'accident,
- la nature du problème : accident de voiture, de deux-roues, sortie de route, accrochage, collision...,
- la présence éventuelle de dangers sur la zone (circulation dense, risque d'incendie, véhicule contenant des matières dangereuses...),
- le nombre et l'état des victimes,
- le nombre et les types des véhicules impliqués.

Une fois que les secours sont avertis et qu'ils ont donné l'autorisation de raccrocher, **le témoin reste avec la victime**. Il parle à la victime, il la rassure, il la garde consciente sans donner à manger ou à boire. Dans la mesure du possible, et particulièrement si la victime est inconsciente, il faut la couvrir.

LES GESTES QUI SAUVENT

LA POSITION LATÉRALE DE SÉCURITÉ - P.L.S

• Cette position permet de sécuriser une victime tombée au sol, et d'empêcher qu'elle ne s'étouffe.

• Cette manœuvre est à effectuer sur une victime inconsciente, qui respire, et qui est allongée sur le dos.

• Si la victime ne respire pas, ce n'est pas la peine de la mettre en P.L.S, il faut initier la Réanimation Cardio-Pulmonaire.

La technique de la P.L.S

1. Faciliter la respiration en ouvrant col et chemise et retirer la cravate s'il y en a une. Retirer aussi les lunettes si la victime en porte.

2. Le sauveteur se place près de la victime, à genoux. Il place le bras de la victime perpendiculairement au corps de la victime et il le plie à 90°.

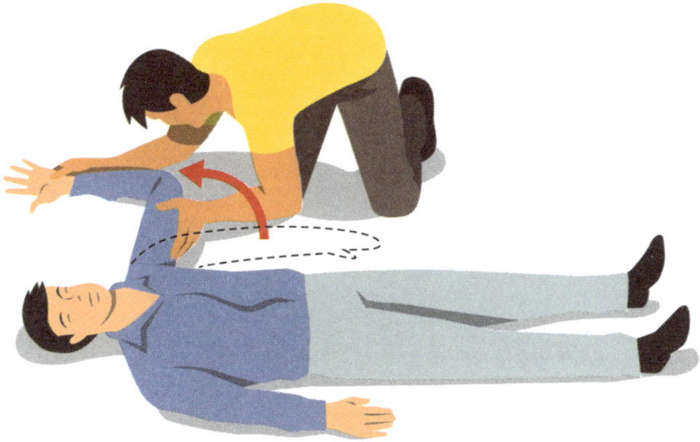

3. Le sauveteur se saisit du bras opposé de la victime, et il plaque la main de la victime contre l'oreille de la victime, de son côté à lui.

4. Tout en maintenant la main plaquée contre l'oreille, le sauveteur saisit la jambe opposée de la victime, sous le genou, et il la remonte sans décoller le pied du sol.

5. Le sauveteur, en utilisant la jambe comme levier, fait pivoter le corps de la victime vers lui. Le corps de la victime se retrouve couché sur le côté, en appui sur son genou. Le sauveteur retire doucement sa main, qui est toujours plaquée contre celle de la victime. La tête de la victime se retrouve calée sur sa propre main.

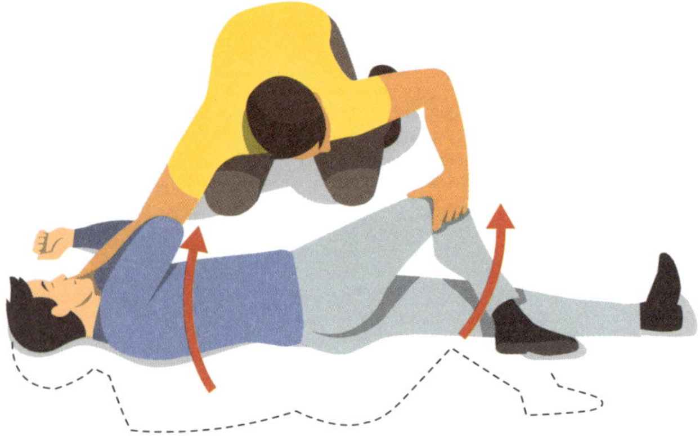

6. Le sauveteur ajuste la jambe pour assurer la position de la victime et la sécuriser.

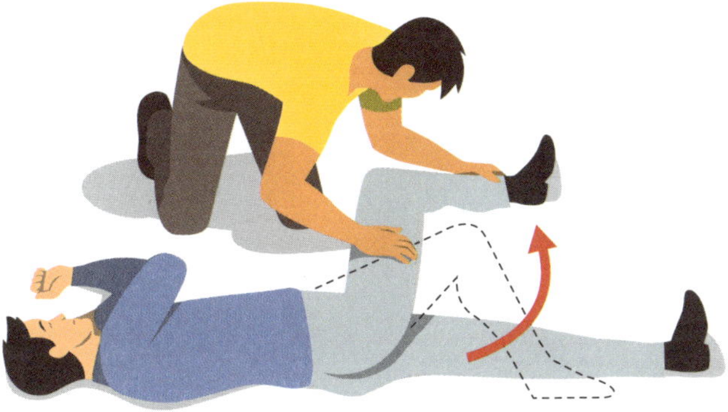

7. Le sauveteur tire doucement sur le menton pour ouvrir la bouche de la victime, **sans faire bouger la tête**.

Une fois la victime placée en P.L.S, le sauveteur la couvre pour lui tenir chaud. Il surveille la respiration au moins toutes les minutes en contrôlant les bruits de respiration ou en observant la poitrine se soulever. Si la respiration cesse, la victime est remise sur le dos et le sauveteur entreprend une Réanimation Cardio-Pulmonaire.

LES TECHNIQUES DE DÉSOBSTRUCTION

- Ces techniques s'emploient sur une personne victime d'obstruction grave des voies aériennes, c'est-à-dire une personne qui s'étouffe : elle porte les mains à sa gorge, elle ne peut plus parler, crier, tousser ou émettre un son. Elle garde la bouche ouverte, s'agite et devient rapidement bleue, puis perd connaissance.
- **Si l'obstruction est partielle,** et que la victime respire, **ne pas mettre en œuvre de technique de désobstruction**. Il faut alors installer la victime dans la position qui lui convient, l'encourager à tousser, et demander un avis médical.

Les techniques de désobstruction

> Les claques dans le dos

Commencer par appliquer jusqu'à 5 claques vigoureuses dans le dos de la victime. Le sauveteur se place à côté de la victime, légèrement en arrière. Il la penche en avant, et soutient son thorax avec une main.

Les claques sont appliquées vigoureusement, entre les omoplates, avec le talon de la main.

> La technique de désobstruction par les compressions abdominales (méthode d’Heimlich)

Si les claques dans le dos ne suffisent pas, il faut entreprendre la technique de désobstruction par les compressions abdominales. Le sauveteur se place derrière la victime penchée en avant, et il passe ses bras sous les aisselles de la victime, autour de son buste. Il place son poing fermé (dos de la main vers le ciel) juste au-dessus du nombril.
Avec son autre main, il recouvre son poing. Les avant-bras ne doivent pas appuyer sur les côtes.
Le sauveteur exerce une pression franche, qui va vers l’arrière et vers le haut.
Le sauveteur enchaîne 5 compressions, en faisant une pause entre chaque compression.

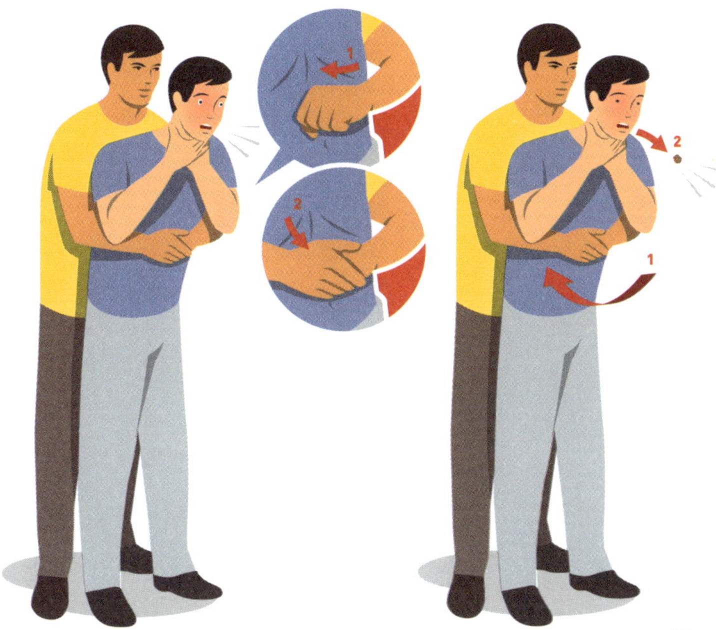

Si la victime tousse ou que la respiration reprend, il faut immédiatement stopper la manœuvre. Il faudra veiller à ce que le corps étranger soit bien expulsé de la gorge.

Si l'obstruction persiste après 5 compressions, on peut reprendre le cycle « claques dans le dos – compressions ».

Si la victime perd connaissance, il faut entreprendre une Réanimation Cardio-Pulmonaire.

Cas particulier

Si les compressions abdominales sont impossibles, par exemple chez la femme enceinte ou chez la personne obèse, il faut procéder à des compressions thoraciques. Le poing est placé au milieu du sternum et la pression est horizontale.

Pour les enfants et les nourrissons, les méthodes de désobstructions sont adaptées en fonction de l'âge. Pour les connaître, vous pouvez consulter notre manuel *Premiers secours – spécial enfant.*

LA RÉANIMATION CARDIO-PULMONAIRE - R.C.P

• La R.C.P doit être mise en œuvre en cas de détresse vitale absolue. La victime est inconsciente, elle ne répond pas, et le sauveteur n'a constaté aucune respiration pendant au moins 10 secondes.

• Dans ce cas en particulier **la rapidité de l'alerte est essentielle.** La chaîne des secours doit être mise en route sans perdre une seconde, de la façon suivante :

→ alerter les secours et réclamer un défibrillateur,
→ entreprendre une R.C.P -30 compressions thoraciques suivies de 2 insufflations- en attendant le défibrillateur,
→ mettre en œuvre le défibrillateur,
→ **ne pas arrêter l'opération de réanimation tant que les secours ne sont pas arrivés**.

La vitesse de réaction de sauveteur dans un tel cas est essentielle. Si la chaîne des secours est mise en place rapidement et correctement, les chances de survie peuvent augmenter de 40 %.
Chaque minute gagnée au cours de la procédure représente 10 % supplémentaires de chance de survivre.

Technique de la R.C.P

1. Les compressions

- La victime est allongée sur le dos, de préférence sur une surface dure. Le sauveteur se place à genoux à côté de la victime. Il dénude le torse de la victime.
- Il place le talon d'une main au centre de la poitrine, sur la moitié inférieure du sternum. Il place l'autre main au-dessus de la première, en entrecroisant les doigts. La seconde main peut aussi être mise à plat sur la première, en relevant les doigts pour protéger le thorax.
- Les bras sont tendus, parfaitement verticaux. Le sauveteur réalise 30 compressions qui enfoncent le sternum de 5 à 6 cm. La fréquence est de 100 à 120 compressions par minute. Le temps de compression est égal à celui du relâchement. Entre chaque compression, le sauveteur laisse le thorax reprendre sa forme initiale, sans décoller les mains.

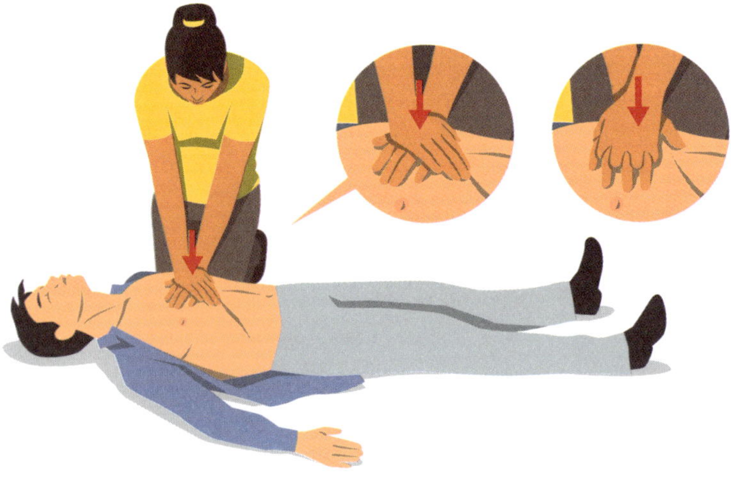

2. Les insufflations

- Le sauveteur enchaîne avec 2 insufflations, pratiquées sur une durée de moins de 6 secondes.
- Il bascule la tête de la victime en arrière (voir p. 16). Il pince son nez entre le pouce et l'index.
- Il entrouvre la bouche de la victime avec la main placée sous le menton, sans toutefois baisser le menton.
- Il inspire, et applique sa bouche largement ouverte autour de la bouche de la victime en appuyant fermement. Il souffle jusqu'à ce que la poitrine de la victime se soulève, ce qui prend 1 seconde environ.
- Il se redresse pour reprendre son souffle et vérifier que la poitrine s'affaisse.
- Il insuffle une seconde fois.

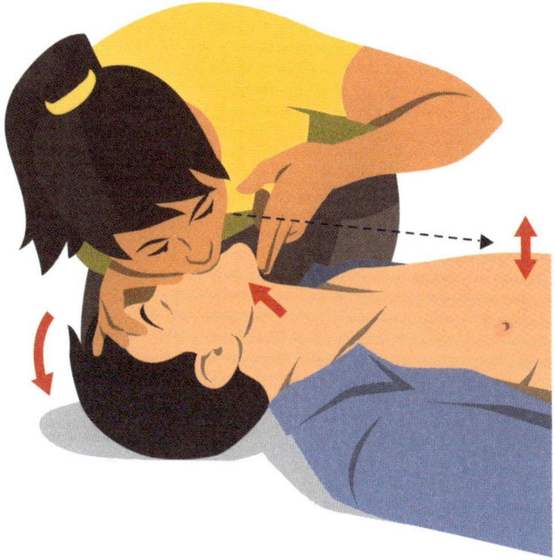

3. Si la manœuvre ne fonctionne pas

Si le ventre ou la poitrine de la victime ne se soulèvent pas lors des insufflations, le sauveteur s'assure que la tête de la victime est bien basculée et que son menton est élevé. Il vérifie l'étanchéité et l'absence de fuite d'air lors de l'insufflation. Il recherche la présence d'un corps étranger dans la bouche pour éventuellement le retirer.

LE DÉFIBRILLATEUR AUTOMATISÉ EXTERNE - D.A.E

• Le D.A.E est capable d'analyser l'activité du cœur, et de déceler une anomalie dans le rythme cardiaque. Il est équipé d'un haut-parleur qui guide le sauveteur pour éventuellement envoyer un choc électrique à la victime.

• On trouve des D.A.E dans nombre de lieux publics. La présence d'un appareil est signalée par un logo dédié.

Défibrillateur

• La R.C.P doit être poursuivie durant l'installation du D.A.E. Elle cesse seulement lorsque l'appareil indique de ne plus toucher à la victime.

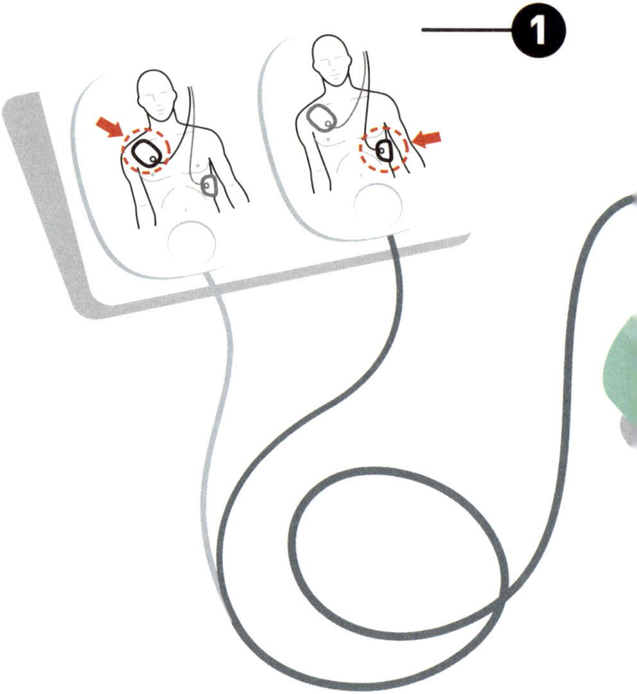

❶ Les électrodes existent en version « adulte » ou en version « enfant ».
❷ Bouton marche/arrêt.
❸ L'écran permet d'afficher des instructions.
❹ Un voyant indique que l'appareil est en tension.
❺ Des boutons permettent de naviguer dans les menus de l'appareil.
❻ Le sauveteur devra actionner le bouton de choc sur ordre de l'appareil.
❼ Les instructions sont diffusées par le haut-parleur.

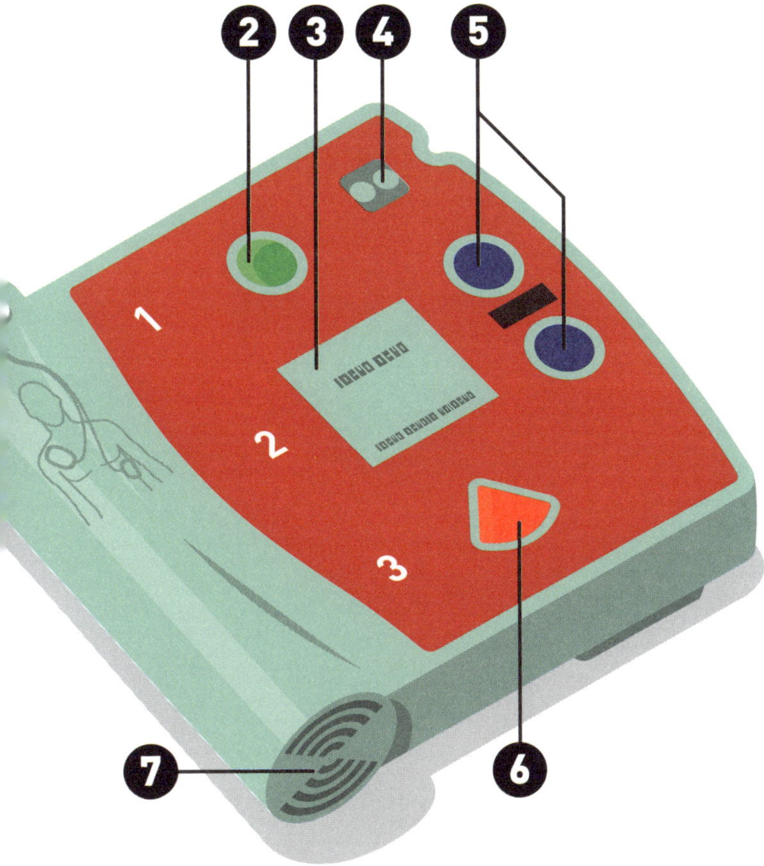
2
3
4
5
1
2
3
6
7

Utiliser le D.A.E

1. Le sauveteur enlève ou coupe les vêtements au niveau de la poitrine de la victime. Le thorax de la victime doit être séché et rasé. Il y a un rasoir dans la mallette du D.A.E.

2. Le sauveteur déballe les électrodes «adultes» de l'appareil. Il les dispose sur le torse de la victime comme indiqué sur le schéma. Au besoin, il branche les électrodes à l'appareil.

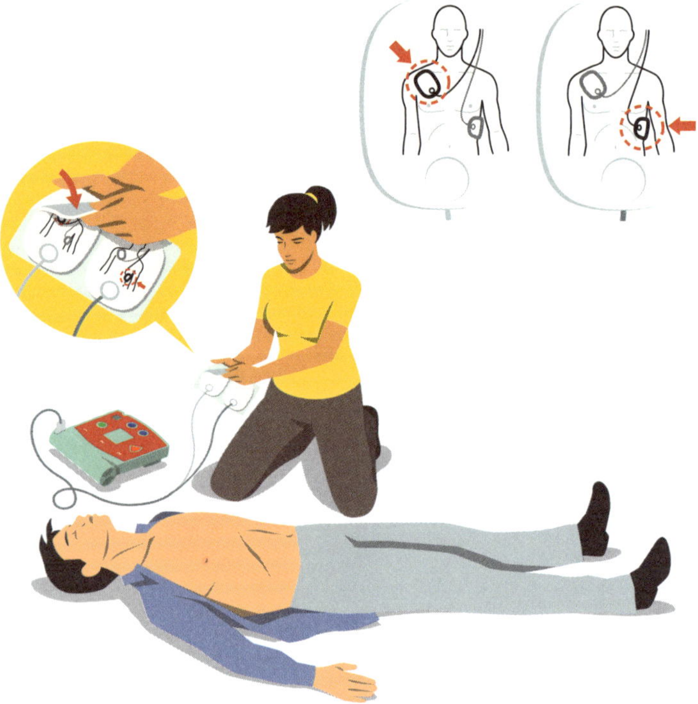

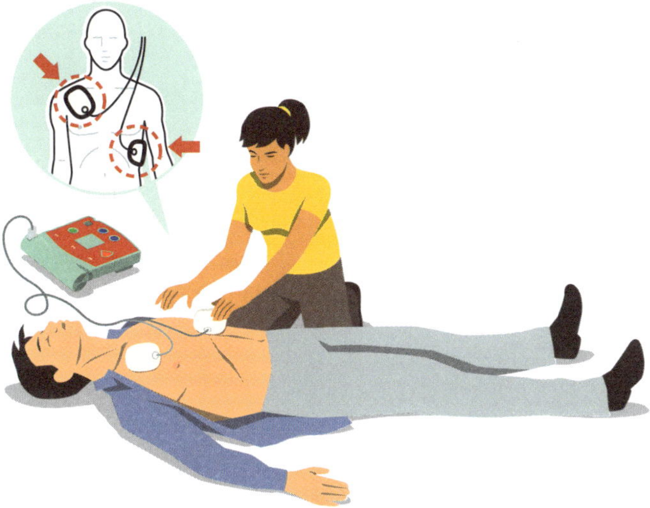

3. Lorsque le D.A.E l'indique, le secouriste s'éloigne de la victime et s'assure que les personnes présentes restent à distance.

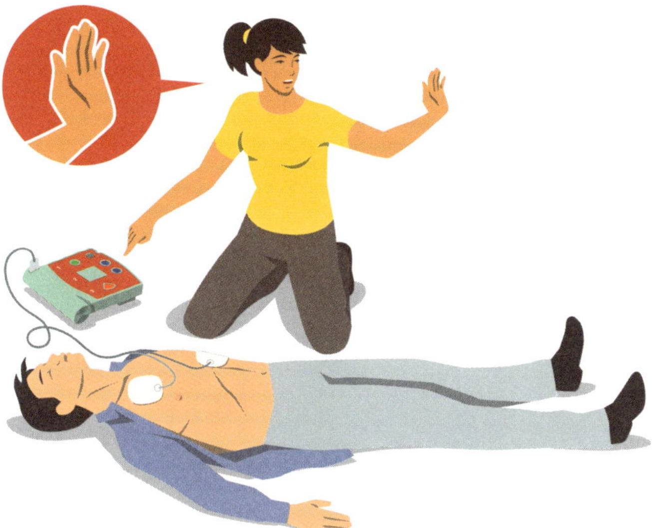

4. Si le D.A.E indique que le choc va être délivré, le sauveteur continue de garder les personnes à distance. Il laisse le choc se délivrer de lui-même ou il appuie sur un bouton, en fonction de l'appareil. Puis il reprend la R.C.P juste après le choc **et il n'éteint pas le D.A.E avant l'intervention des secours**.

- Si le D.A.E n'indique pas qu'il faut envoyer un choc, le sauveteur reprend immédiatement la R.C.P, **et ne s'arrête pas avant l'arrivée des secours**.
- La R.C.P ne sera stoppée que si la respiration reprend. Dans ce cas la victime est placée en P.L.S dans l'attente des secours.

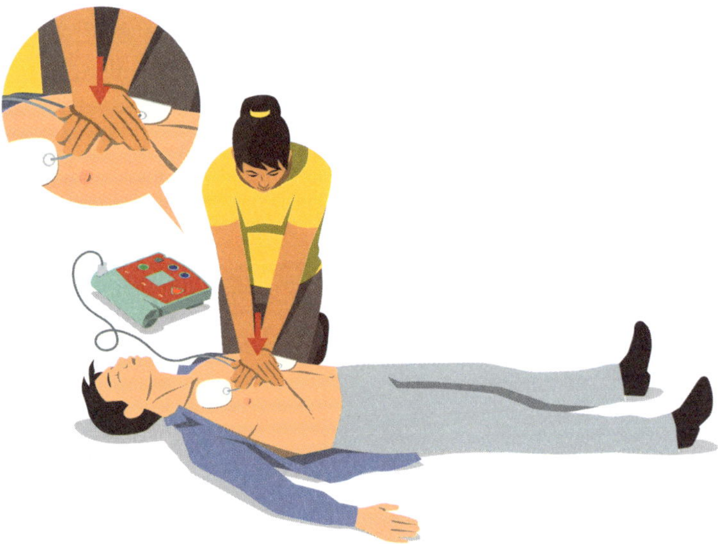

LA COMPRESSION LOCALE

La compression locale doit être réalisée en cas d'hémorragie externe, c'est-à-dire un saignement prolongé qui ne s'arrête pas spontanément. L'hémorragie imbibe de sang un mouchoir de tissu ou de papier en quelques secondes.
Parfois, ce saignement peut être masqué par un vêtement ou une position particulière, il faut être attentif.

Technique de la compression locale

1. Le sauveteur comprime immédiatement l'endroit qui saigne avec sa main, en se protégeant si possible avec un tissu ou un sac plastique propre. Il allonge la victime.
2. Il fait alerter les secours, ou les alerte lui-même.
3. Dès que possible, la compression de la main est remplacée par un pansement compressif. Si le pansement compressif ne peut pas être réalisé, le sauveteur utilisera la main de la victime pour appuyer sur la blessure.

Technique du pansement compressif

Le pansement compressif peut être réalisé avec un linge plié, des mouchoirs ou autre. Ils formeront un tampon propre qui doit recouvrir entièrement la plaie.

Ce tampon est maintenu en place par un élastique ou par un lien serré.

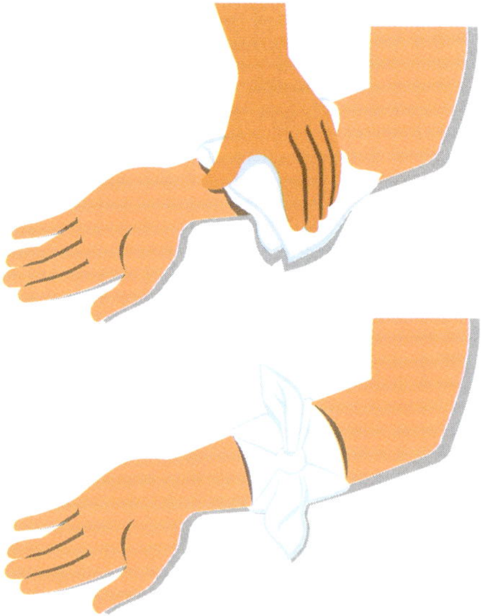

Le sauveteur s'assure que le sang ne coule plus. Si le saignement persiste, le sauveteur reprend la compression manuelle, par-dessus le pansement compressif.

Le sauveteur rassure la victime, il lui parle régulièrement et lui explique ce qu'il se passe. Il la protège contre la chaleur, le froid ou les intempéries et il surveille les signes d'aggravation : sueurs, sensation de froid, pâleur...

En cas d'aggravation, et surtout si la victime perd connaissance, le sauveteur contacte à nouveau les secours et demande un avis sur la procédure à appliquer.

> CAS PARTICULIERS

• Le saignement de nez

Le sauveteur assoit la victime tête penchée en avant et lui demande de se moucher vigoureusement. Il lui demande de comprimer ses narines, avec les doigts, durant 10 minutes, sans relâcher.

Il faudra demander un avis médical si :

→ le saignement ne s'arrête pas ou se reproduit,
→ le saignement survient après une chute ou un coup,
→ la victime prend des médicaments, en particulier ceux qui augmentent les saignements.

• La victime qui vomit ou crache du sang

Le sauveteur installe la victime dans la position où elle se sent le mieux si elle est consciente ou allongée sur le côté si elle est inconsciente. Il alerte les secours, il conserve les vomissements ou les crachats pour les leur donner, et il surveille en permanence.

• Perte inhabituelle de sang par un orifice naturel qui n'est pas le nez

Le sauveteur allonge la victime, demande un avis médical et applique les consignes.

En cas d'aggravation, il contacte le centre 15.

La sécurité du sauveteur

- En cas de contact avec du sang, ne pas porter les mains à la bouche, au nez ou aux yeux.
- Retirer les vêtements souillés de sang le plus tôt possible après la fin de l'action de secours, se laver les mains ou toute zone souillée par le sang de la victime et se désinfecter.
- Ne pas manger avant de s'être lavé les mains et de s'être changé.
- Demander un avis médical sans délai si le sauveteur :
  - présente une plaie ayant été souillée ;
  - a subi une projection sur le visage.

LES PLAIES

La première chose à faire est d'évaluer la gravité de la plaie.

- La **plaie simple** est une petite coupure superficielle, une éraflure saignant peu.
- Une plaie est considérée comme **grave** si :
  → elle s'accompagne d'une hémorragie,
  → elle est due à un mécanisme pénétrant : objet tranchant ou perforant, morsure, projectile...
  → elle est localisée au thorax, à l'abdomen, dans la zone oculaire ou à proximité d'un orifice naturel,
  → elle présente un aspect particulier : déchiqueté, écrasé...

> LA PLAIE SIMPLE

Le sauveteur se lave les mains à l'eau et au savon. Il nettoie la plaie en rinçant abondamment à l'eau courante, en s'aidant d'une compresse si besoin pour enlever les souillures. Il désinfecte à l'aide d'un antiseptique, et il protège par un pansement adhésif.

En cas de plaie, il faut vérifier l'existence d'une vaccination antitétanique en cours de validité, et il est conseillé de contacter un médecin en cas de doute.
L'apparition dans les jours qui suivent de fièvre et/ou d'une zone chaude, rouge, gonflée ou douloureuse peut être due à l'absence de vaccination antitétanique.

> LA PLAIE GRAVE

Attention : il ne faut jamais retirer un corps étranger (couteau, morceau de verre...) d'une plaie.

Le sauveteur installe sans délai la victime en position d'attente :

- la victime est assise en présence d'une plaie au thorax ;
- la victime est allongée jambes en l'air fléchies en présence d'une plaie de l'abdomen ;
- la victime est allongée yeux fermés et tête immobile en présence d'une plaie à l'œil ;
- la victime est allongée dans tous les autres cas.

Le sauveteur protège la victime de la chaleur, du froid ou des intempéries. Il appelle les secours et applique les consignes. Il réconforte la victime en lui parlant régulièrement et en lui expliquant ce qu'il se passe. Il surveille la victime.

LA BRÛLURE

La première chose à faire est de refroidir immédiatement la surface brûlée, puis d'évaluer la gravité de la brûlure.

- Une **brûlure simple** est une rougeur de la peau chez l'adulte ou une cloque dont la surface est inférieure à celle de la moitié de la paume de la main de la victime.

- Une **brûlure est grave** si :

→ on constate une ou plusieurs cloques dont la surface totale est supérieure à celle de la moitié de la paume de la main de la victime ;
→ on constate une destruction plus profonde – aspect blanchâtre ou noirâtre parfois indolore – associée à des cloques et à une rougeur ;
→ elle est localisée sur le visage ou le cou, les mains, les articulations ou près des orifices naturels ;
→ elle est d'origine électrique ou radiologique.

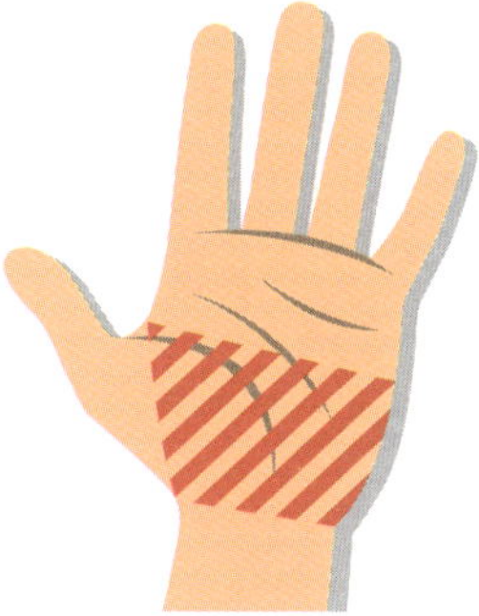

Chez l'enfant, une rougeur étendue de la peau est une brûlure grave.

> PROCÉDURE À METTRE EN ŒUVRE

Dans tous les cas, le sauveteur commence par soumettre la surface brûlée à un ruissellement d'eau du robinet tempérée et à faible pression, au plus tard dans les 30 minutes suivant la brûlure. En même temps, il retire les vêtements qui n'adhèrent pas à la peau.

- **Brûlure grave**

Le sauveteur alerte les secours tout en poursuivant le refroidissement, selon les consignes données. Après refroidissement, il installe la victime en position adaptée. En général c'est allongée, mais la victime peut être assise en cas de gêne respiratoire. Il protège la partie brûlée par un linge propre, sans la recouvrir et il surveille continuellement.

- **Brûlure simple**

Le sauveteur poursuit le refroidissement jusqu'à disparition de la douleur. **Il ne perce pas les cloques** mais les protège avec un pansement stérile. Il demande un avis médical en l'absence de vaccination antitétanique valide, s'il s'agit d'un enfant ou d'un nourrisson et en cas d'apparition dans les jours qui suivent de fièvre, d'une zone chaude, rouge, gonflée ou douloureuse.

> CAS PARTICULIERS

Dans tous les cas, **le sauveteur contacte le centre 15 et applique leurs consignes.**

- **Brûlure chimique**

Suivant les consignes données lors de l'alerte, le sauveteur arrose immédiatement et abondamment à l'eau courante tempérée l'ensemble du corps en cas de projection sur les vêtements ou la peau ou l'œil s'il est atteint, en veillant à ce que l'eau de lavage ne coule pas sur l'autre œil. Il ôte les vêtements imbibés de produits, en se protégeant lui-même. En cas d'ingestion de produit chimique il ne fait pas vomir ou boire mais il conserve l'emballage du produit en cause.

- **Brûlure électrique**

Le sauveteur ne touche pas la brûlure tant que le risque n'a pas été supprimé. Il arrose la zone visiblement brûlée.

LES INFORMATIONS À CONNAÎTRE

RAPPEL DES NUMÉROS D'URGENCE

> PRINCIPAUX NUMÉROS

- **Le 18** permet d'appeler les pompiers, notamment en cas d'accident ou d'incendie.
- **Le 15** est le numéro du Samu, en charge des urgences médicales.
- **Le 112** est un numéro commun à l'ensemble des services de secours, et il est valable dans toute l'Union européenne.
- **Le 17** est le numéro de police secours.
- **Le 114** est un numéro accessible par Fax et MMS pour les personnes sourdes et malentendantes.

Notez les informations à connaître, pour vous et pour vos proches

Nom : ....
Adresse : ....
....

Âge : ....
Poids : ....

Numéro du médecin traitant : ....
Numéro de la personne à contacter en cas d'urgence :
....

Allergies connues : ....
....

Pathologie connue / traitement : ....
....

Médicaments et posologie : ....
....
....

Opérations chirurgicales récentes ou anciennes : ....
....
....

Groupe sanguin : ....

Notez les informations à connaître, pour vous et pour vos proches

Nom : ....
Adresse : ....
....

Âge : ....
Poids : ....

Numéro du médecin traitant : ....
Numéro de la personne à contacter en cas d'urgence :
....

Allergies connues : ....
....

Pathologie connue / traitement : ....
....

Médicaments et posologie : ....
....
....

Opérations chirurgicales récentes ou anciennes : ....
....
....

Groupe sanguin : ....

Notez les informations à connaître, pour vous et pour vos proches

Nom : ....
Adresse : ....
....

Âge : ....
Poids : ....

Numéro du médecin traitant : ....
Numéro de la personne à contacter en cas d'urgence :
....

Allergies connues : ....
....

Pathologie connue / traitement : ....
....

Médicaments et posologie : ....
....
....

Opérations chirurgicales récentes ou anciennes : ....
....
....

Groupe sanguin : ....

Notez les informations à connaître, pour vous et pour vos proches

Nom : ....
Adresse : ....
....

Âge : ....
Poids : ....

Numéro du médecin traitant : ....
Numéro de la personne à contacter en cas d'urgence :
....

Allergies connues : ....
....

Pathologie connue / traitement : ....
....

Médicaments et posologie : ....
....
....

Opérations chirurgicales récentes ou anciennes : ....
....
....

Groupe sanguin : ....

Notez les informations à connaître, pour vous et pour vos proches

Nom : ....
Adresse : ....
....

Âge : ....
Poids : ....

Numéro du médecin traitant : ....
Numéro de la personne à contacter en cas d'urgence :
....

Allergies connues : ....
....

Pathologie connue / traitement : ....
....

Médicaments et posologie : ....
....
....

Opérations chirurgicales récentes ou anciennes : ....
....
....

Groupe sanguin : ....

ISBN : 9791027101313
MDS : VA00188
N° d'édition : V22003

Illustrations : Lorenzo Timon
Relecture technique : Christian Poutriquet
Maquette et mise en page : Catherine Enault

Direction éditoriale : Elisabeth Pegeon
Édition : Julie Quillien
Direction artistique : Isabelle Mayer

Direction de fabrication : Thierry Dubus
Fabrication : Marie Guibert

FSC
www.fsc.org
MIXTE
Papier issu de sources responsables
FSC® C007507

Achevé d'imprimer par Graphycems, en Espagne, en janvier 2022
Dépôt légal : février 2017

Ce livre est imprimé avec des encres végétales et est composé de matériaux issus de forêts bien gérées, certifiées FSC® et d'autres sources contrôlées.

Ce manuel se base sur les recommandations officielles relatives aux premiers secours, éditées par le Ministère de l'Intérieur. Christian Poutriquet, relecteur technique de l'ouvrage, est Président de la commission Formation de la Fédération Française de Sauvetage et de Secourisme, membre de l'observatoire national du secourisme, formateur de formateurs aux premiers secours et concepteur de formation.

Toutefois, ce livre ne se substitue en aucun cas à une formation aux premiers secours de type PSC1, donnée par des formateurs professionnels au sein d'un organisme agréé.